Über die Entstehung des lustigen Lesetrainings

Den Schülern Freude am Lesen zu vermitteln, dafür habe ich während meiner Zeit als Lehrerin viel Mühe aufgewendet. Freude haben wir Menschen aber nur an Aktivitäten, die wir beherrschen.
Nicht allen Kindern wird der Zugang zum Buch durch das Elternhaus ermöglicht. Für diese Kinder ist Lesen ein unerfreulicher Zwang. In der Schule lesen sie, weil sie müssen, nicht weil sie wollen. Viele Kinder lesen die Buchstaben und Wörter richtig vor, aber sie verstehen nicht deren Sinn. Diese Kinder zu motivieren ist damals wie heute Ziel meiner Bemühungen.
Für meine Grund- und Hauptschüler entwarf ich Übungsblätter, die von den Kindern mit Freude bearbeitet wurden. Durch diesen Erfolg ermutigt, begann ich, ein systematisches Lesetraining aufzuschreiben.
Die Form des Lesetrainings entwickelte sich aus meiner eigenen engagierten Unterrichtspraxis, es ist inhaltlich und methodisch ausgefeilt.

Ich wünsche mir, dass mit dieser neuen Auflage des Lesetrainings wieder viele Schüler an Lesetexte herangeführt werden und sich so in die Welt der Bücher vortasten können. Über Zuschriften von Eltern, Lehrern und Schülern freue ich mich sehr. Schreiben Sie mir! Ich antworte persönlich.

Vorliegende Texte wurden von Kindern und Lehrern getestet

Ginko Institut
für individuelle Lernkonzepte
Löwenburgstr. 28, 53229 Bonn

Danke an alle Beteiligten!

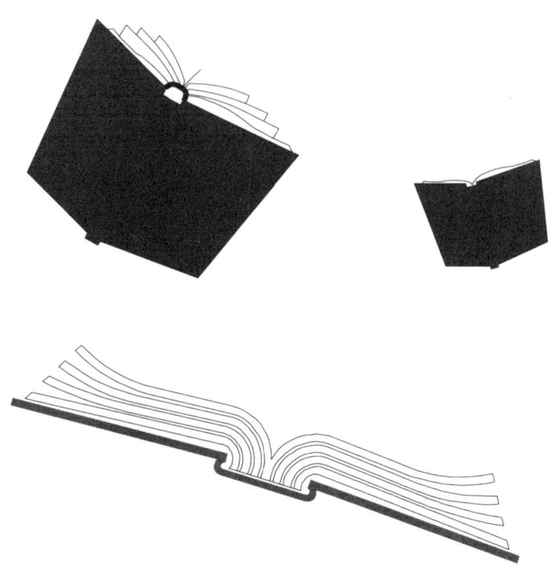

Düren, im April 2000

Karin Pfeiffer

Was ist das Besondere an diesem Lesetraining?

– **Die Texte** ...
... sind kurz, der Flattersatz mit dem erweiterten Zeilendurchschuss erleichtert das Lesen.

– **Die Inhalte** ...
... gefallen den Kindern, weil sie liebenswürdig, pfiffig, geheimnisvoll und witzig, aber niemals banal sind. Die Fantasie wird angeregt, sie bekommt „Flügel“.

– **Die Richtig-Falsch-Aussagen** ...
... dienen nicht nur der Verständniskontrolle, sondern sind eine zusätzliche Quelle für Gespräche. Über manche Sätze muss man schmunzeln. Einige reizen zum Widerspruch. Der Lehrer sollte sich auf inhaltlich-thematische Diskussionen einrichten und philosophische Gedankengänge durch Gespräche vertiefen.

– **Die weiterführenden Impulse** ...
... lassen eine vertiefende Beschäftigung mit dem jeweiligen Thema zu und fördern das ganzheitliche Lernen.

Wie arbeitet man mit den Blättern?

1. Präparieren

Erste Möglichkeit:
Die Blätter können kopiert und als Ganzes an die Schüler verteilt werden. Jedes Kind bearbeitet sein Blatt still in seinem individuellen Tempo. Eile schadet!
Die Kontrolle erfolgt anhand des Lösungsblattes.
Nach der Bearbeitung werden die Zeichnungen ausgemalt.

Zweite Möglichkeit:
Eine Freiarbeits-Kartei wird eingerichtet. Dazu schneidet man die Blätter in der Mitte auseinander oder falzt sie und klebt die beiden Hälften Rücken an Rücken sauber zusammen. Wenn ein Laminator vorhanden ist, kaschiert man die Blätter mit Folie. Die Kinder können dann für das Ankreuzen Folienstifte verwenden, die sich mühelos wieder abwaschen lassen.

2. Methodische Anregungen

Klassenunterricht:
– derselbe Text liegt vor jedem Kind
– stilles und anschließend lautes Lesen
– Bearbeiten der Aussagen
– Selbstkontrolle bzw. Partnerkontrolle
– Lehrerkontrolle im Klassenverband
– Bearbeiten der zusätzlichen Aufgabe
– Abschrift des Textes
– Diktat
– Aufsätze schreiben
– Zeichnen und Malen
– Nachschlagen in Lexika und Fachbüchern

Differenzierter Unterricht und Freiarbeit:
– Das Lesetraining wird in losen Blättern (Kopien) oder in einer präparierten DIN A 5-Kartei angeboten. Das Lösungsblatt liegt in mehrfacher Ausfertigung in der Freiarbeitsecke zur Selbstkontrolle vor.
– Kurze leichte Texte werden zur Auswahl vorgegeben, damit jedes Kind dazu eigene Richtig-Falsch-Antworten formulieren kann.

ZEIT zum Lernen

Name: ....

Der Bär

Der Bär hatte sich zum Winterschlaf gelegt. Seine Höhle war gepolstert mit Moos und Blättern. Warm und dunkel war diese Höhle, gut konnte er den langen Winter darin verschlafen.
Der Bär sah nicht, wie der Schnee fiel, immer dichter und dicker, bis alle Welt verschneit war. Er hörte nicht, wie der Sturm heulte und die Bäume vor Kälte knackten. Den ganzen Winter über schlief er tief und fest in seiner Höhle.

Endlich wurde es heller, die Sonne kam zurück. Der Schnee schmolz, es wurde wärmer. Der Bär erwachte. Schwerfällig kroch er aus seiner Höhle und schaute sich um. Dann reckte er sich und dehnte seine steifen Glieder. Schlapp und zottig hing sein Pelz an ihnen herab wie ein zu großer Mantel. Kein Wunder, er hatte den ganzen Winter über nichts gefressen, nicht einen Happen.

Falte das Blatt hier.

Von den folgenden Aussagen sind nur einige richtig,
Kreuze die richtigen an. Vorsicht, lass dich nicht reinlegen!
✗ = richtig!

1. Der Bär hielt einen Winterschlaf.
2. Zuvor hatte er Moos und Blätter gefressen.
3. In der Bärenhöhle war es warm.
4. Der Bär konnte gut in seiner Höhle schlafen.
5. Bald fiel der Schnee immer dichter und dicker.
6. Alle Welt war verschneit.
7. Der Bär hörte, wie der Sturm heulte.
8. Die Bäume knackten im Sturm.
9. Der Bär erwachte, als die Sonne zurückkam.
10. Schwerfällig kroch er aus der Höhle und schaute sich um.
11. Er hatte einen großen Pelzmantel an.
12. Seine Glieder waren schlapp und zottig.
13. Der Bär wunderte sich sehr.
14. Er hatte den ganzen Winter über gefressen.
15. Der Bär fraß einen Happen.

Drehe jetzt das Blatt auf die Textseite und prüfe nach, ob du es richtig gemacht hast!

Die Nummern der richtigen Aussagen lauten:

Lesetraining 6 Best.-Nr. 036
Lendersdorfer Traumfabrik

Name: ______________________

2

Peter der Große

Wir wohnten damals auf dem Land. Unser großer Schäferhund hatte genügend Platz. Er konnte im Garten herumspringen, den wir nicht umzäunt hatten. Peter, dieses prächtige Tier, war äußerst gutmütig, dennoch trauten sich manche Besucher nicht auf unser Grundstück.

Peter mochte es gar nicht, wenn er allein zu Hause bleiben musste. Einmal ging ich zum Friseur in den drei Kilometer entfernten Nachbarort. Der Salon befand sich im ersten Stock eines Geschäftshauses. Es herrschte viel Betrieb. Alle Stühle waren besetzt. Doch nach einiger Zeit bemerkte ich, dass es richtig ruhig geworden war. Außer mir war nur noch eine Dame im Salon.

„Das ist wirklich ungewöhnlich. Das verstehe ich nicht", wunderte sich der Friseur.

Als ich fertig war und unten die Eingangstür erreichte, glaubte ich meinen Augen nicht zu trauen: Peter der Große lag in voller Länge und Breite vor der Tür.

Er war mir nachgelaufen.

Kein Kunde hatte sich getraut über ihn hinwegzusteigen.

Falte das Blatt hier.

Von den folgenden Aussagen sind nur einige richtig,
Kreuze die richtigen an. Vorsicht, lass dich nicht reinlegen!

✗ = richtig!

1. Wir wohnten auf dem Land.
2. Unser großer Schäferhund konnte über den Gartenzaun springen.
3. Unser Garten war umzäunt.
4. Unser Schäferhund hieß Peter.
5. Peter war äußerlich gutmütig.
6. Manche Besucher trauten dem Grundstück nicht.
7. Peter mochte nicht allein zu Hause bleiben.
8. Der Friseur war einmalig weit entfernt.
9. Der Salon befand sich im zweiten Stock eines Geschäftshauses.
10. Alle Stühle waren in Betrieb.
11. Nach einiger Zeit beim Friseur wurde ich richtig ruhig.
12. Der Friseur wunderte sich über meine ungewöhnlichen Haare.
13. Als ich fertig war, ging ich nach unten.
14. Die Tür lag in voller Länge und Breite auf dem Boden.
15. Kein Kunde traute sich über den Hund zu steigen.

Drehe jetzt das Blatt auf die Textseite und prüfe nach, ob du es richtig gemacht hast!

Die Nummern der richtigen Aussagen lauten:

Lesetraining 6 Best.-Nr. 036
Lendersdorfer Traumfabrik

Name: ______________________________

Esel

Esel gehören zur Familie der Pferde. Sie haben einen Quastenschwanz und eine Stehmähne. Wenn jemand einen anderen einen „Esel" schimpft, meint er damit, dass er ihn für dumm hält. Esel aber sind intelligenter als Pferde. Sie sind auch nicht eigensinnig. Nur durch sein Verhalten bei Gefahr hat der Esel den Ruf, störrisch zu sein. Fürchtet er sich, dann bleibt er einfach stehen. Er ist nämlich nicht so ausdauernd im Laufen wie ein Pferd.
Er könnte eine länger dauernde Flucht kräftemäßig nicht durchstehen.

Esel haben ein fantastisches Gehör.
Sie können Geräusche über eine weite Entfernung wahrnehmen.
Was ist eigentlich ein Maultier?
Ein Maultier ist nur ein halber Esel:
Es hat einen Esel zum Vater und ein Pferd zur Mutter.
Maultiere haben die guten Eigenschaften beider Eltern in sich vereint. Man kann auf einem Maultier reiten, es ist friedlich und ausdauernd. Bevor es Traktoren gab, leistete das Maultier bei der Feldarbeit wertvolle Dienste.

Falte das Blatt hier.

Von den folgenden Aussagen sind nur einige richtig,
Kreuze die richtigen an. Vorsicht, lass dich nicht reinlegen!
✗ = richtig!

1. Pferde haben eine schwarze Quaste und eine Stehmähne.
2. Esel gehören zur Familie der Pferde.
3. Esel sind dumm und störrisch.
4. Pferde sind intelligenter als Esel.
5. Esel sind besonders eigensinnig, aber nicht furchtsam.
6. Esel halten bei Gefahr an und warten auf einen Zuruf.
7. Bei Gefahr verhalten sich Esel störrisch.
8. Pferde können mit großer Ausdauer laufen, Esel dagegen nicht.
9. Esel haben fantasievolle Ohren.
10. Esel können Geräusche über eine weite Entfernung wahrnehmen.
11. Ein Esel ist nur ein halbes Maultier.
12. Das Maultier hat ein Pferd zur Mutter.
13. Maultiere sind gute Eltern.
14. Auf einem Maultier kann man reiten.
15. Maultiere wurden früher auch oft zur Feldarbeit eingesetzt.

Drehe jetzt das Blatt auf die Textseite und prüfe nach, ob du es richtig gemacht hast!

Die Nummern der richtigen Aussagen lauten:

Lesetraining 6 Best.-Nr. 036
Lendersdorfer Traumfabrik

Name: ______________________________

Umweltverschmutzung

Vor der Elbfähre Wischhafen hat sich eine lange Autoschlange gebildet. Man wartet auf die Fähre, die gerade am gegenüberliegenden Ufer festgemacht hat.
Die Autos drüben rollen von Deck. Es wird noch etwa zehn Minuten dauern, ehe die Fähre mit den Fahrgästen vom gegenüberliegenden Ufer ankommt.
Wie üblich sorgt ein Mitarbeiter des Fährbetriebs im Bereich der wartenden Autos für Ordnung.
Er fegt Blätter zusammen, leert Mülltonnen und hebt Papierfetzen auf.
Während der Wartezeit öffnet ein Autofahrer die Tür seines Wagens, leert seinen Aschenbecher auf die Fahrbahn und schließt die Tür wieder.
Der Arbeiter beobachtet das. Er geht ruhig zu dem Auto und fegt den Dreck sehr sorgfältig auf seine Schaufel. Dann öffnet er die Autotür und wirft Kippen und Asche wortlos in den Wagen zurück.
Die Umstehenden klatschen begeistert Beifall. Der ertappte Umweltsünder aber wagt es nicht, etwas dagegen zu sagen oder zu tun.

Falte das Blatt hier.

Von den folgenden Aussagen sind nur einige richtig,
Kreuze die richtigen an. Vorsicht, lass dich nicht reinlegen!
✗ = richtig!

1. An der Elbfähre warten viele Autofahrer auf die Überfahrt.
2. Die Fähre hat gerade am anderen Ufer festgemacht.
3. Auf der anderen Uferseite rollen die Autos von Deck.
4. Bis alle Autos die Fähre verlassen haben, dauert es etwa zehn Minuten.
5. Es wird noch dauern, bis das gegenüberliegende Ufer hier ankommt.
6. Ein Mitarbeiter des Fährbetriebs fegt Blätter zusammen.
7. Er bringt die wartenden Autos in Ordnung.
8. Ein Autofahrer öffnet das Fenster seines Wagens.
9. Er wirft seinen Aschenbecher aus dem Auto.
10. Der Arbeiter beobachtet den Autofahrer.
11. Er kehrt Kippen und Asche sorgfältig zusammen.
12. Der Arbeiter sagt kein einziges Wort.
13. Der Arbeiter putzt sorgfältig seine Schaufel.
14. Er wirft die Kippen unter das Auto zurück.
15. Der Umweltsünder klatscht begeistert Beifall.

Drehe jetzt das Blatt auf die Textseite und prüfe nach, ob du es richtig gemacht hast!

Die Nummern der richtigen Aussagen lauten:

Name:

Die Gewohnheit

Ein Autohändler im Ruhrgebiet benutzte aus Prinzip jeden Morgen den Bus, um zu seiner Firma zu fahren. Diese war nur zwei Haltestellen weit entfernt. Mit seinem dunklen Anzug, dem Hut und dem Aktenköfferchen gehörte er zum täglichen Bild am frühen Morgen.
Auf dem Weg zur Haltestelle pflegte er eine dicke Zigarre zu rauchen. Sobald sich der Bus näherte, warf er den Stummel mit gekonntem Schwung zielsicher in den Gully*.
Dies ging einige Jahre so. Eines schönen Morgens, nach seinem Urlaub, strebte der Geschäftsmann wieder der Haltestelle zu. Als der Bus kam, wollte er wieder mit dem üblichen Schwung seine Zigarre im Gully versenken. Diesmal aber blieb er wie versteinert stehen. Der Bus rollte heran, die Leute stiegen ein, die Tür schloss sich, der Bus fuhr ab.
Unser Geschäftsmann aber stand und starrte auf den Gully, hilflos zuckten seine Finger. Was sollte er bloß machen? Er hatte sich im Urlaub das Rauchen abgewöhnt. Irgendetwas musste er in den Gully werfen, sonst konnte er nicht in den Bus einsteigen.

** Gully = Einlaufschacht für Straßenabwasser*

Falte das Blatt hier.

Von den folgenden Aussagen sind nur einige richtig,
Kreuze die richtigen an. Vorsicht, lass dich nicht reinlegen!

✗ = richtig!

1. Die Geschichte erzählt von einem Geschäftsmann aus dem Ruhrgebiet.
2. Der Autohändler benutzte jeden Morgen ein Prinzip.
3. Von zu Hause fuhr er jeden Morgen mit dem Bus zur Haltestelle.
4. Seine Firma war eine Haltestelle weit entfernt.
5. Der Geschäftsmann trug einen dunklen Anzug.
6. Er trug außerdem einen Hut auf dem Kopf.
7. Auf dem Weg zur Haltestelle pflegte er eine dicke Zigarre.
8. Der Bus rauchte, als er sich näherte.
9. Den Stummel der Zigarre warf der Mann in den Gully.
10. Der Geschäftsmann machte das ein Jahr lang so.
11. Eines schönen Morgens versenkte er wieder den Gully.
12. Der Bus kam, die Leute stiegen ein und die Tür fuhr ab.
13. Der Bus fuhr ohne den Geschäftsmann ab.
14. Der Geschäftsmann hatte sich im Urlaub das Rauchen angewöhnt.
15. Der Geschäftsmann konnte nicht in den Gully steigen.

Drehe jetzt das Blatt auf die Textseite und prüfe nach, ob du es richtig gemacht hast!

Die Nummern der richtigen Aussagen lauten:

Lendersdorfer Traumfabrik

Name: ______________________________

Wackelohr

In den letzten Tagen der großen Ferien brachte uns mein Vater ein Kaninchen mit. Es war ein kleines, verängstigtes Fellkügelchen von der Farbe der Wildkaninchen. Am nächsten Tag bekam das Kaninchen den Namen Wackelohr und einen neuen Stall. Meine beiden Geschwister hatten das Tier sehr gerne.
Wackelohr wurde immer zutraulicher. Im Sommer durfte das Kaninchen in unserem Garten frei herumlaufen, zum Leidwesen meiner Oma, denn es fraß all die schönen Blumen ab.
Mein Bruder hatte die Idee, ihm das Treppensteigen beizubringen. Wenn die Tür offen stand, nahm Wackelohr seinen bevorzugten Platz auf der Fußmatte im Badezimmer ein.
Einmal kam ich gerade von der Schule heim, da rumpelte es in meinem Zimmer ganz gewaltig. Ich rannte und öffnete die Tür: Wackelohr hüpfte auf meiner Couch auf und ab, dass die Kissen durch die Luft flogen.
Wackelohr war ungern draußen im Freien. Es zog das Tier hinein zu uns und schließlich kannte es so ziemlich jeden Trick, um ins Haus zu kommen.

Falte das Blatt hier.

Von den folgenden Aussagen sind nur einige richtig,
Kreuze die richtigen an. Vorsicht, lass dich nicht reinlegen!
✗ = richtig!

1. In den Ferien brachte mein Vater ein großes Kaninchen mit.
2. Es hatte eine wilde Farbe.
3. Wir gaben dem Kaninchen einen Namen.
4. Meine beiden Geschwister mochten das Kaninchen.
5. Am nächsten Tag bekam das Kaninchen wieder einen neuen Namen.
6. Wackelohr traute sich immer viel zu.
7. Im Sommer lief das Kaninchen im Garten frei herum.
8. Oma fraß alle Blumen ab, da waren wir traurig.
9. Mein Bruder lernte das Treppensteigen.
10. Wackelohr lag gern auf der Fußmatte im Badezimmer.
11. Einmal rumpelte es in der Schule ganz gewaltig.
12. Ich lief zu meinem Zimmer und öffnete die Tür.
13. Wackelohr hüpfte auf meinem Bett auf und ab.
14. Am liebsten war Wackelohr draußen im Freien.
15. Es kannte so ziemlich jeden Trick, um ins Haus zu kommen.

Drehe jetzt das Blatt auf die Textseite und prüfe nach, ob du es richtig gemacht hast!

Die Nummern der richtigen Aussagen lauten:

Lesetraining 6 Best.-Nr. 036
Lendersdorfer Traumfabrik

Name: ______________________________

7

Der alte Mann und der Himmel

Jeden Tag ging er in der Straße zwischen den kleinen, geduckten Siedlungshäuschen auf und ab. Er stützte sich dabei mit seiner knochigen Hand auf einen Stock. Sein Rücken war gekrümmt, der Kopf tief gesenkt. Aufrichten konnte er sich nicht mehr, und so humpelte er mühsam seines Weges.

Ein elegant gekleideter junger Mensch begegnete ihm täglich. Dieser machte es sich zur Gewohnheit stehen zu bleiben und mit dem alten Mann ein Schwätzchen zu halten.

Sie redeten über das Wetter, über bevorstehende Feste, über Freunde, die Familie und die Arbeit. Dem Jungen fiel auf, dass der Alte bei Sonnenschein besonders traurig war. Regnete es jedoch, schien er fröhlich zu sein.

Eines Morgens, es hatte eben noch in Strömen gegossen, kicherte der Alte ausgelassen, als er den Jungen grüßte. Dieser fragte ihn nach dem Grund seines Verhaltens.

Da sagte der alte Mann: „Du siehst, mein Rücken ist krumm und gebeugt. Ich kann die Sonne nicht mehr sehen. Wenn es regnet, spiegelt sich der Himmel in den Pfützen, und dieses Stück Himmel, das macht mich froh."

Falte das Blatt hier.

Von den folgenden Aussagen sind nur einige richtig, Kreuze die richtigen an. Vorsicht, lass dich nicht reinlegen!

✗ = richtig!

1. Jeden Tag ging der alte Mann spazieren.
2. Er ging in der Straße auf und ab.
3. Am Straßenrand standen Siedlungshäuschen.
4. Der Mann stützte seine Hand auf einen Knochen.
5. Der Rücken des Mannes war gekrümmt.
6. Er kannte sich nicht aus und fragte nach dem Weg.
7. Mühsam humpelte er nach Hause.
8. Täglich unterhielt er sich mit einem jungen Menschen.
9. Die Macht der Gewohnheit ließ ihn stehen.
10. Sie redeten über wetterfeste Kleidung.
11. Dem Jungen fiel auf, dass die Sonne besonders traurig schien.
12. Wenn es regnete, war der Alte unglücklich.
13. Der Junge fragte ihn nach dem Grund seines Verhaltens.
14. Der alte Mann sagte: „Ich kann die Sonne nicht mehr sehen."
15. In den Pfützen spiegelt sich der Regen.

Drehe jetzt das Blatt auf die Textseite und prüfe nach, ob du es richtig gemacht hast!

Die Nummern der richtigen Aussagen lauten:

Lesetraining 6 Best.-Nr. 036
Lendersdorfer Traumfabrik

ZEIT zum Lernen

Name: ____________________

8

Ein Faultier

In den ersten acht Jahren unseres Zusammenlebens brachten wir es auf zwei Kinder, ein Haus am Stadtrand mit drei Schlafzimmern, zwei Autos, ein tausend Quadratmeter großes Grundstück voller Unkraut und einen Berg von Schulden.
Das einzige, was noch fehlte, war ein Haustier. Ich erklärte meiner Frau, dass es höchste Zeit sei, den Kindern einen Hund zu beschaffen. Eigentlich sollte jedes Kind heutzutage einen Hund haben.
Tags darauf suchten wir im Tierheim nach einem Hund, der weder bellte noch haarte, nicht viel zu fressen brauchte und bei der Verrichtung seiner Geschäfte einen Abstand von mindestens zehn Kilometern zu unserem Grundstück wahrte. Außerdem sollte er als Babysitter taugen und für leichte Hausarbeit abzurichten sein.
Wir wanderten von Verschlag zu Verschlag, aber ein Hund nach dem anderen bestand die strenge Prüfung nicht, der meine Frau ihn unterzog: zu klein, zu groß, zu laut, zu zottelig, zu wachsam.
„Zu wachsam?“, fragte ich.
„Genau. Ich möchte einen Hund, der nicht bellt und nicht langhaarig ist, dafür aber viel schläft“, antwortete meine Frau.
„Du willst ja gar keinen Hund, sondern ein Faultier“, sagte ich.

Falte das Blatt hier.

Von den folgenden Aussagen sind nur einige richtig,
Kreuze die richtigen an. Vorsicht, lass dich nicht reinlegen!
✗ = richtig!

1. Wir lebten acht Jahre zusammen.
2. Unser Haus hatte zwei Schlafzimmer.
3. Wir hatten drei Autos.
4. Unser Grundstück war tausend Quadratmeter groß.
5. Wir hatten fleißig Unkraut gejätet.
6. Wir hatten einen Berg vor der Haustür.
7. Uns fehlte noch ein Haustier
8. Eigentlich sollte heute jedes Kind eine Haustür haben.
9. Wir suchten im Tierheim nach einem Hund.
10. Der Hund sollte seine Geschäfte mit Anstand verrichten.
11. Wir suchten außerdem noch einen Babysitter.
12. Wir wanderten mindestens 10 Kilometer von Verschlag zu Verschlag.
13. Alle großen Hunde waren kleinlaut.
14. Wir fanden keinen Hund, der unseren Vorstellungen entsprach.
15. Es gab auch Faultiere im Tierheim.

Drehe jetzt das Blatt auf die Textseite und prüfe nach, ob du es richtig gemacht hast!

Die Nummern der richtigen Aussagen lauten:

Lesetraining 6 Best.-Nr. 036
Lendersdorfer Traumfabrik

Name: ____________________

Der erste Schultag

Vati sagte, die Schule sei schrecklich lustig. Ich glaubte das einfach. Prompt gab es zu Ostern diesmal keine Eier, sondern einen Schulranzen*. Er roch nach Leder, und es war ein dünnes Buch darin mit großen Buchstaben, die ganz allein standen. Mit dem Ranzen auf dem Rücken und ausgerüstet mit einer bunt lackierten Zuckertüte kam ich eines Morgens in die Schule. Da waren viele Muttis, die kämmten alle ihre Kinder noch einmal und sagten, sie sollten artig sein. Und die Kinder waren auch ganz artig in ihren Bänken, denn sie waren noch so dumm und wussten wohl gar nicht, wie lustig die Schule ist. Vor Aufregung aß ich den Rest aus meiner Zuckertüte, und dann setzte ich mir die spitze Tüte auf den Kopf, damit das Fräulein, wenn es kam, auch gleich sah, dass ich da war.
Das Fräulein kam aber noch gar nicht. Und vorn stand die Tafel, viel größer als die meine, und bunte Kreide lag daneben. Ich malte ein Gesicht darauf, noch ganz abstrakt**, wie es damals meine Art war: ein Kreis, ein Punkt, ein Punkt, ein Strich. Aber die Nase machte ich grün, wie das auf einem modernen Bild war, das Vati gerade gekauft hatte.

* *Früher wurden die Kinder nach Ostern eingeschult.*
** *abstrakt: (frei formuliert) etwas, das nicht so aussieht wie in der Natur, sondern nur angedeutet ist*

Falte das Blatt hier.

Von den folgenden Aussagen sind nur einige richtig,
Kreuze die richtigen an. Vorsicht, lass dich nicht reinlegen!
✗ = richtig!

1. Vati sagte, die Schule sei schrecklich.
2. Zu Ostern bekam ich keine Eier, sondern einen Schulranzen.
3. Im Ranzen lag ein dünnes Buch, das allein stehen konnte.
4. Am ersten Schultag trug ich den Ranzen auf dem Rücken.
5. Meine Zuckertüte war bunt kariert.
6. Die anderen Kinder kämmten sich noch einmal.
7. Die Muttis waren ganz artig.
8. Die Kinder waren alle lustig.
9. Ich aß meine Zuckertüte bis auf einen Rest.
10. Ich setzte mir die leere Tüte auf den Kopf.
11. Das Fräulein kam und sah gleich, dass ich nicht da war.
12. Das Fräulein stand vorn an der Tafel.
13. Meine Tafel zu Hause war viel größer.
14. Neben der Tafel lag bunte Kreide.
15. Ich malte ein Gesicht mit einer grünen Nase.

Drehe jetzt das Blatt auf die Textseite und prüfe nach, ob du es richtig gemacht hast!

Die Nummern der richtigen Aussagen lauten:

Lesetraining 6 Best.-Nr. 036
Lendersdorfer Traumfabrik

Name: ________________

Der Kaifel

Anton Kaifel kam aus Schwaben. Als er mitten im Schuljahr in unsere Klasse aufgenommen wurde, hatten wir gerade Aufsatz. Professor Speicher nahm die Schilf-Lieder durch und zerpflückte sie zu einem deutschen Aufsatz. Er beschrieb das Leben im Schilf.
„Flüchtige Fischlein“, sagte er, „lassen die Halme zittern, und die Rohrdommel* flötet ihre Lieder ...“
„Entschuldigen Sie“, sagte der neue Schüler aus Schwaben mit einer tiefen Stimme, „entschuldigen Sie, aber die Rohrdommel brüllt wie ein Ochse.“
„Woher willst du das wissen?“, sagte zornig der unterbrochene Lehrer.
„Wir haben immer am Schilf gewohnt.“
Wir waren maßlos erstaunt. Eine Viertelstunde in der neuen Klasse, und schon dem Lehrer widersprochen.
„Setz dich, frecher Bursche!“, sagte der Lehrer.
„Ich bin nicht frech, wenn die Rohrdommel brüllt“, erwiderte der neue Schüler. Diese tiefe Stimme – wie aus der Ofenröhre kam sie. Kaifel musste eine Stunde nachsitzen. Im Klassenbuch stand: „Wegen frecher Bemerkungen.“

** Rohrdommel: Vogel, der im Schilf lebt*

Falte das Blatt hier.

Von den folgenden Aussagen sind nur einige richtig,
Kreuze die richtigen an. Vorsicht, lass dich nicht reinlegen!

✗ = richtig!

1. Unser neuer Mitschüler kam aus Schwaben.
2. Er wude in unsere Klassenmitte aufgenommen.
3. Wir hatten gerade Aufsatzunterricht bei Professor Speicher.
4. Der Professor nahm die Schilf-Lieder weg.
5. Er zerpflückte die deutschen Aufsatzhefte.
6. Dann sprach der Professor über das Leben im Schilf.
7. Er sagte: „Die Rohrdommel ließ die Halme erzittern.“
8. Zu den Liedern der Rohrdommel spielte die Flöte.
9. Anton Kaifel hatte eine tiefe Stimme.
10. Der neue Schüler fiel dem Lehrer ins Wort.
11. Er war gerade erst eine Stunde in der Klasse.
12. Wir staunten über den Kaifel.
13. Der Lehrer setzte sich.
14. Der Kaifel musste neben dem Ofenrohr sitzen.
15. Der freche Bursche schrieb eine Bemerkung ins Klassenbuch.

Drehe jetzt das Blatt auf die Textseite und prüfe nach, ob du es richtig gemacht hast!

Die Nummern der richtigen Aussagen lauten:

Name: ____________________

Der kleine Drache

Es war einmal ein kleiner Drache, der hieß Tokabilitor. Schon die ganz kleinen Drachen haben recht lange Namen. Werden sie größer und älter, so werden auch die Namen immer länger; man hängt diesen einfach hinten ein Stückchen an. Da gab es zum Beispiel einen sehr alten Drachen, der war seit siebenhundert Jahren auf der Welt und hieß Marlokalibuzini-terwankaramar. Genaugenommen war sein Name noch viel länger. Aber er hatte vergessen, wie es weiterging und war zufrieden, dass er wenigstens den Anfang wusste. Von ihm aber wollen wir nicht erzählen, sondern von dem kleinen Drachen.

Dieser kleine Drache machte seinen Eltern viel Kummer, denn es zeigte sich bald, dass er aus der Art geschlagen war. Von außen war ihm freilich nichts Verdächtiges anzumerken. Er hatte einen schuppigen Leib, einen gezackten Rücken und eine gespaltene Zunge. Er blies feurigen Atem aus der Nase. Das war aber auch alles, was er mit den anderen Drachen gemeinsam hatte. In seinem Wesen unterschied er sich von ihnen. Ein richtige Drache ist düster* und böse. Er sitzt auf einem Goldschatz oder erschreckt einsame Wanderer. Von alledem wollte der kleine Drache nichts wissen, denn er liebte die Menschen sehr.

** düster = dunkel, unfreundlich*

Falte das Blatt hier.

Von den folgenden Aussagen sind nur einige richtig,
Kreuze die richtigen an. Vorsicht, lass dich nicht reinlegen!

✗ = richtig!

1. Kleine Drachen haben die längsten Namen.
2. Drachen werden größer, aber nicht älter.
3. Weil man den Drachen einfach hinten ein Stück anhängt, werden sie immer länger.
4. Ein sehr alter Drache war siebenhundert Jahre auf der Welt.
5. Der alte Drache hatte seinen Namen ganz vergessen.
6. Von ihm wollen wir dem kleinen Drachen erzählen.
7. Der kleine Drache machte seinen Eltern viel Kummer.
8. Er hatte nämlich seine Eltern geschlagen.
9. Damit machte er sich verdächtig.
10. Der Drache hatte einen schuppigen Leib.
11. Sein Rücken war gezackt, seine Zunge gespalten.
12. Aus der Nase blies er feurigen Atem.
13. Ein richtiger Drache besitzt einen Goldschatz.
14. Der kleine Drache erschrak, wenn einsame Wanderer vorbeikamen.
15. Die Menschen liebten den kleinen Drachen sehr.

Drehe jetzt das Blatt auf die Textseite und prüfe nach, ob du es richtig gemacht hast!

Die Nummern der richtigen Aussagen lauten:

Lendersdorfer Traumfabrik

Name: ______________________________

Die „scharfe“ Kartoffel

Einer niederländischen Hausfrau fuhr nachträglich der Schreck in die Glieder, als sie erfuhr, wie knapp sie einem schlimmen Unglück entgangen war. Sie hatte im Supermarkt eine Plastiktüte mit Speisekartoffeln gekauft. Zu Hause öffnete sie die Packung. Beim Schälen stieß sie auf eine besonders harte und übermäßig schmutzverkrustete Kartoffel. Alles Schaben und Scheuern nützte nichts, und schließlich kam sogar Metall zum Vorschein. Die Frau legte, immer noch ahnungslos, die vermeintliche* Kartoffel beiseite, bis ihr Mann nach Hause kam. Dieser besah sich den seltsamen Gegenstand und wusste sofort, was er vor sich hatte. Er lief schleunigst in den Garten hinaus und vergrub die Kartoffel vorsichtig in der Erde. Danach verständigte er die Polizei.

Noch am Abend desselben Tages rückten Bombenexperten** der Armee an und entschärften den Sprengkörper – die Kartoffel war nämlich in Wirklichkeit eine Handgranate. Sie war aus dem Zweiten Weltkrieg übriggeblieben und noch voll funktionsfähig***.

Die Handgranate war bei der Kartoffelernte von der Erntemaschine aus dem Boden geholt worden. Weil sie die Form einer Kartoffel hatte, fiel sie nicht auf und wurde mit in die Plastiktüte gepackt.

vermeintlich = wenn man irrtümlich etwas glaubt
** *Experte = Fachmann*
*** *funktionsfähig = hier: kann noch explodieren*

Falte das Blatt hier.

Von den folgenden Aussagen sind nur einige richtig,
Kreuze die richtigen an. Vorsicht, lass dich nicht reinlegen!
✗ = richtig!

1. Eine niederländische Hausfrau fuhr weg.
2. Sie zahlte im Supermarkt nachträglich mit einem Scheck.
3. Sie hatte Plastiktüten gekauft.
4. Die Speisekartoffeln waren in einer Plastitüte verpackt.
5. Zu Hause öffnete sich die Packung.
6. Als die Frau die Kartoffeln schälte, fand sie eine besonders harte Knolle.
7. Es kamen sogar Schaben zum Vorschein.
8. Die Frau dachte sich nicht viel dabei und legte die Kartoffel beiseite.
9. Der Mann kam aus dem Garten herein.
10. Die Polizei vergrub die Kartoffel in der Erde.
11. Experten der Armee schärften das Kartoffelschälmesser.
12. Die Kartoffel war in Wirklichkeit eine Handgranate.
13. Der Sprengkörper sprühte Funken.
14. Die Erntemaschine musste aus dem Acker geholt werden.
15. Die Erntemaschine wurde in eine Plastiktüte gepackt.

Drehe jetzt das Blatt auf die Textseite und prüfe nach, ob du es richtig gemacht hast!

Die Nummern der richtigen Aussagen lauten:

Lendersdorfer Traumfabrik Lesetraining 6 Best.-Nr. 036

Name: ______________________

Onkel Ladi, die Holzsäge

Wir beschlossen, Onkel Ladislaus solle in der Küche schlafen und meine Mutter bereitete ihm ein Bett auf der Holzbank. In der Nacht schnarchte er wieder fürchterlich. Es klang, als würde er Brasiliens Tropenwald absägen. Allmählich gewöhnten wir uns an die nächtlichen Sägegeräusche und schliefen etwas besser. Groß war allerdings unser Schreck, als wir eines Morgens zum Frühstück in die Küche kamen. Dem Küchentisch fehlten die Beine, die Platte ruhte unschuldig auf dem Fußboden. Und erst die Stühle! Sie waren fachgerecht zerlegt in ihre Bestandteile: Beine, Sitzfläche, Lehne – alle Holzstücke lagen kreuz und quer in der Küche herum. Die Holzbank, auf der Onkel Ladi geschlummert hatte, war in zwei Teile zersägt. Der Onkel war bereits aufgestanden und erfrischte sich pfeifend im Badezimmer. Dieser Mensch musste immer irgendwelche Geräusche von sich geben. Onkel Ladislaus schnarchte also Holz kaputt. Das war eine seltene Gabe. Ladi konnte im Schlaf alles Holz um sich herum zersägen, und es strengte ihn nicht im Mindesten an. Er brauchte dazu nur mächtig zu schnarchen. Das gab uns zu denken, und bald hatten wir eine Idee.

Falte das Blatt hier.

Von den folgenden Aussagen sind nur einige richtig,
Kreuze die richtigen an. Vorsicht, lass dich nicht reinlegen!
✗ = richtig!

1. Onkel Ladislaus sollte in der Küche schlafen.
2. Sein Bett war die Holzbank in der Küche.
3. Brasiliens Tropenwald klang gut.
4. Wir gewöhnten uns das Schnarchen an.
5. Onkel Ladislaus schnarchte fürchterlich.
6. Morgens kamen wir zum Frühstücken in die Küche.
7. Onkel Ladislaus erschrak, als er uns sah.
8. Er lag unschuldig auf dem Fußboden, seine Beine ruhten auf der Platte.
9. Im Küchenschrank lag alles kreuz und quer herum.
10. Die Holzbank war in zwei Teile zersägt.
11. Onkel Ladi gab immer irgendwelche Geräusche von sich.
12. Der Onkel machte das Fenster weit auf und ließ frische Luft ins Badezimmer.
13. Es strengte ihn sehr an, all das Holz zu zersägen.
14. Ladi zersägte das Holz um sich herum im Schlaf.
15. Onkel Ladi hatte eine Idee.

Drehe jetzt das Blatt auf die Textseite und prüfe nach, ob du es richtig gemacht hast!

Die Nummern der richtigen Aussagen lauten:

Lesetraining 6 Best.-Nr. 036
Lendersdorfer Traumfabrik

Name: ______________________________

Schau mal, ein Dalmatiner!

Wenn ich vor zehn Jahren geahnt hätte, dass mein Hund einmal durch einen Kinofilm bekannt werden würde, hätte ich mir die Anschaffung überlegt. Damals kannte niemand die Schwarzgefleckten. Heute brauche ich nur gemeinsam mit meinem Hund die Nase aus der Tür zu stecken, schon höre ich es rufen: „Schau mal, Mama, ein Dalmatiner!“
Das klingt durchaus begeistert, denn warum soll es nicht einer von den hundert und ein Dalmatinern sein? „Der wie vielte ist es denn?“, fragte mich neulich jemand. „Wo sind denn die anderen hundert?“ Eigentlich ist das harmlos und stört weder mich noch meinen Hund.
Schlimm wird es, wenn Kinder herbeieilen, um meinen Dalmi am Kopf zu streicheln. Ich reiße den Hund in panischer Angst zurück und warne: „Vorsicht, beißt!“ Was natürlich keiner glauben will.
Mit der Briefträgerin hat sich mein Dalmatiner angefreundet. Er wartet auf sie an der Tür. Wenn es schellt, stürzt er gleichzeitig mit mir hinaus an die Gartentür. „Der fletscht ja die Zähne!“, sagt die Briefträgerin und reicht mir die Post am langen Arm über den Zaun.
„Nein“, versuche ich zu erklären, „er fletscht nicht, er grinst, weil er Sie mag!“ Sie schüttelt den Kopf. Ein grinsender Hund. Ob ich wohl spinne?

Falte das Blatt hier.

Von den folgenden Aussagen sind nur einige richtig,
Kreuze die richtigen an. Vorsicht, lass dich nicht reinlegen!
✗ = richtig!

1. Ich hatte jahrelang vorher geahnt, dass jetzt ich Kino ein Dalmatinerfilm läuft.
2. Zehn Jahre lang habe ich mir die Anschaffung eines Hundes überlegt.
3. Dalmatiner sind schwarz gefleckt.
4. Früher gab es keine schwarz gefleckten Hunde.
5. Wenn der Hund die gemeinsame Nase aus der Tür steckt, ist er begeistert.
6. Ich habe woanders noch hundert neue Dalmatiner.
7. Mein Hund muss hundert und ein Häufchen machen.
8. Eigentlich stört es mich, wenn der Hund los ist.
9. Schlimme Kinder wollen den Dalmi immer am Kopf streicheln.
10. Der Hund hat panische Angst und schreit: „Vorsicht!“
11. Keiner mag glauben, dass Vorsicht beißt.
12. Mein Hund hat sich mit dem Hund der Briefträgerin angefreundet.
13. Sie fletscht die Zähne und reicht mir die Post über den Zaun.
14. Der Hund fletscht nicht die Zähne – er grinst, weil er sich freut.
15. Die Briefträgerin spinnt.

Drehe jetzt das Blatt auf die Textseite und prüfe nach, ob du es richtig gemacht hast!

Die Nummern der richtigen Aussagen lauten:

Lesetraining 6 Best.-Nr. 036
Lendersdorfer Traumfabrik

Name: ______________________________

Elefanten

Elefanten wiegen mehrere Tonnen. Trotzdem treten sie nur mit den Zehenspitzen auf. Sie können den Mund nicht zum Boden bringen. Mit den Vorderbeinen Futter aufzunehmen ist ihnen auch nicht möglich. Deshalb hat ihnen die Natur einen Rüssel gegeben. Der Rüssel ist die verlängerte Nase. Mit dem Rüssel kann der Elefant tasten und in alle Richtungen greifen. Er kann Zweige und Blätter zum Mund ziehen, Wasser hochsaugen um es zu trinken oder den Rücken damit zu duschen. Auch Sand kann er damit aufsaugen und sich damit bespritzen. Er kann durch den Rüssel trompeten. Natürlich atmet der Elefant durch den Rüssel und reckt ihn in die Höhe um zu wittern. Der Elefant besitzt Stoßzähne aus Elfenbein. Er benutzt sie als Werkzeug oder als Waffe. Die Stoßzähne sind verlängerte Schneidezähne, sie wachsen ständig weiter, solang der Elefant lebt. Bei den Weibchen sind sie kleiner als bei den Männchen, oder sie fehlen ganz. Elefanten leben gesellig in Herden. Sie sind klug und lernen rasch. In Notlagen helfen sie einander. Sie fressen nur Pflanzen. Feinde werden einfach zertrampelt. Um Wasserstellen zu finden, legen afrikanische Elefanten notfalls 50 Kilometer und mehr am Tag zurück. Ein Elefant kann bis zu 70 Jahre alt werden.

Falte das Blatt hier.

Von den folgenden Aussagen sind nur einige richtig, Kreuze die richtigen an. Vorsicht, lass dich nicht reinlegen!

✗ = richtig!

1. Elefanten treten nur auf den Zehenspitzen auf, obwohl sie mehrere Tonnen wiegen.
2. Den Rüssel benötigen sie, weil sie den Mund nicht zum Boden bringen können.
3. Der Rüssel des Elefanten ist die verlängerte Nase.
4. Mit dem Rüssel kann der Elefant Tassen in alle Richtungen werfen.
5. Zweige und Blätter saugen sich mit Wasser voll.
6. Mit dem Rüssel kann sich der Elefant den Rücken duschen.
7. Elefanten bespritzen sich auch mit Sand.
8. Der Rüssel ist für den Elefanten sehr nützlich.
9. Die Schneidezähne sind verlängerte Stoßzähne.
10. Die Stoßzähne wachsen ständig weiter, solang der Elefant lebt.
11. Bei den Weibchen fehlen die Stoßstangen ganz.
12. Nur in Notlagen fressen sie Pflanzen.
13. Elefanten zertrampeln ihre Feinde einfach.
14. Die Wasserstellen legen viele Kilometer zurück.
15. Ein Elefant kann bis zu 70 Kilogramm am Tag abnehmen.

Drehe jetzt das Blatt auf die Textseite und prüfe nach, ob du es richtig gemacht hast!

Die Nummern der richtigen Aussagen lauten:

Lendersdorfer Traumfabrik

Name: ....

Zeichenstunde

Es ist die dritte Stunde an diesem schönen Tag, die Zeichenstunde. In der zweiten hatten wir Mathematik. Es war wie in meiner alten Schule, öde und langweilig. Der Lehrer ist sehr klein und völlig kahl und sagt ständig: „Sagen wir mal".
Wir sollen einen Habicht zeichnen.
Die Kunstlehrerin hat ihn aus dem Naturkunderaum mitgebracht. Er ist echt. Aber tot und ausgestopft. Ich zeichne den Schnabel. Gekrümmt und scharf. So einen Schnabel haben, ihn ständig vor den Augen zu haben, ohne mal wegsehen zu können ... furchtbar.
Ich schaue auf Kasias Blatt. Sie zeichnet einen fliegenden Habicht. Er ist ein wenig seltsam, aber ganz schön. Meiner ist traurig und böse, ihrer fliegt ganz einfach herum.
„Ist jemand mit der Zeichnung fertig?", fragt die Lehrerin. Und da ich gerade den letzten Strich gezogen habe, hebe ich den Finger und stehe auf.
„Komm her, zeig sie mir", sagt die Lehrerin. Ich nehme meine Zeichnung und will zu ihr gehen, plötzlich, rums, liege ich auf dem Boden und sehe gerade noch den sich zurückziehenden Fuß von Ziebinski.

Auszüge aus:
Tomek Tryzna, Fräulein Niemand
Luchterhand Verlag, München 1997
(sehr empfehlenswerter Lesestoff!)

Falte das Blatt hier.

Von den folgenden Aussagen sind nur einige richtig,
Kreuze die richtigen an. Vorsicht, lass dich nicht reinlegen!
✗ = richtig!

1. In der zweiten Stunde hatten wir Mathematik.
2. Die Mathematikstunde war öde und langweilig.
3. Der Mathelehrer ist ständig klein.
4. In der dritten Stunde sollen wir auf einen Habicht zeigen.
5. Die Kunstlehrerin hat den Mathelehrer aus dem Naturkunderaum mitgebracht.
6. Der Habicht, den wir abzeichnen sollen, ist echt.
7. Es ist ein ausgestopfter Habicht.
8. Ich zeichne mit dem Schnabel.
9. Der Schnabel ist gekrümmt und scharf.
10. Kasia zeichnet ein fliegendes Blatt.
11. Kasia ist ein wenig seltsam.
12. Mein Habicht ist traurig und böse.
13. Kasias Habicht fliegt ganz einfach auf dem Papier herum.
14. Ich zeige auf, weil ich mit der Lehrerin fertig bin.
15. Als ich nach vorne gehen will, stellt mir jemand das Bein.

Drehe jetzt das Blatt auf die Textseite und prüfe nach, ob du es richtig gemacht hast!

Die Nummern der richtigen Aussagen lauten:

Name:

Waschtag

Zu Beginn des 20. Jahrhunderts war der Waschtag mühselig, er forderte viel Kraft und Ausdauer. Die Hausfrau freute sich nicht darauf, denn das Waschen dauerte den ganzen Tag. Meist wurde am Montag gewaschen.
Waschtag, das bedeutete damals natürlich noch nicht, dass einfach alle schmutzige Wäsche in die Waschmaschine gefüllt wurde, die dann alles weitere erledigt wie heute. Zuerst mussten die Kleider sorgfältig sortiert werden. Dann wurden die schmutzigen Stücke in Soda oder Lauge eingeweicht. Anschließend kamen sie in einen großen Kupferkessel und wurden dort gekocht.
Die kleineren Kleidungsstücke wurden von Hand in einem Zuber* mit kaltem oder lauwarmem Wasser gewaschen.
Fest sitzender Schmutz wurde auf einem Waschbrett aus der Wäsche herausgerieben.
Weiße Wäsche wurde gebleicht. Man tauchte den Stoff in Urin, der Ammoniak** enthält. Auch Schweinejauche diente zum Bleichen. Natürlich wurde die Wäsche anschließend gründlich mit frischem Wasser ausgespült.
Oft halfen am Waschtag alle Frauen der Nachbarschaft zusammen. So hatte man bei der schweren Arbeit wenigstens etwas zu plaudern und zu lachen.

** Zuber: Bottich, meist aus Holz*
*** Ammoniak: stechend riechender chemischer Stoff*

Falte das Blatt hier.

Von den folgenden Aussagen sind nur einige richtig,
Kreuze die richtigen an. Vorsicht, lass dich nicht reinlegen!
✗ = richtig!

1. Der mühselige Waschtag begann im 20. Jahrhundert.
2. Das Waschen der Wäsche erforderte viel Kraft und Ausdauer.
3. Die Hausfrau freute sich auf das Waschen, denn dann war es endlich Montag.
4. Meist wurde am Montag gewaschen.
5. Heute füllen wir die schmutzige Wäsche einfach in die Waschmaschine.
6. Damals war das nicht so einfach.
7. Zuerst wurde die schmutzige Lauge in Soda eingeweicht.
8. Anschließend wurde der große Kupferkessel gekocht.
9. Kleinere Kleidungsstücke wurden von Hand gewaschen.
10. Die Wäsche musste auf dem Waschbrett sitzen.
11. Weiße Wäsche wurde mit Urin oder Schweinejauche gebleicht.
12. Urin enthält Ammoniak.
13. Mit der Wäsche wurde aus verschiedenen Gründen gespielt.
14. Am Waschtag halten alle Frauen die Nachbarschaft zusammen.
15. Dann hatte bei der schweren Arbeit niemand etwas zu lachen.

Drehe jetzt das Blatt auf die Textseite und prüfe nach, ob du es richtig gemacht hast!

Die Nummern der richtigen Aussagen lauten:

Name: ....

Der Kuckuck

Schmarotzer nennen wir Menschen eine Person, die sich auf Kosten anderer durchs Leben schlägt.
Der Kuckuck ist ein Brutschmarotzer.
Jedes Kind weiß, dass er seine Eier von anderen Vögeln ausbrüten lässt.
Das Kuckucksweibchen sucht ein Vogelpaar, das gerade ein Nest gebaut und frische Eier hineingelegt hat.
Das Sumpfrohrsängerweibchen, das eben fünf Eier ins Nest gelegt hat, wird vom Kuckucksmännchen weggelockt.
Jetzt muss es ganz schnell gehen.
Die Kuckucksfrau setzt sich ins Nest der Sumpfrohrsänger und legt flugs ein eigenes Ei hinein. Es sieht so ähnlich aus wie die Eier der Wirtseltern, nur ein bisschen größer. Die Kuckucksfrau nimmt eines der fünf Eier in den Schnabel und trägt es fort. Sie wird das Ei an einer geschützten Stelle verzehren, das gibt ihr Kraft, um weitere Eier zu legen. Bis zu zwanzig Eier kann sie im Mai und Juni in fremde Nester legen!
Wie es dann weitergeht, weißt du schon.
Der junge Kuckuck schlüpft bereits nach etwa elf Tagen und wirft die Eier der Wirtseltern aus dem Nest. Mehr als drei Wochen lang werden diese ihn füttern, obwohl er ihnen bald so richtig „über den Kopf" gewachsen sein wird.

Falte das Blatt hier.

Von den folgenden Aussagen sind nur einige richtig,
Kreuze die richtigen an. Vorsicht, lass dich nicht reinlegen!
✗ = richtig!

1. Schmarotzer sind Menschen, die sich auf Kosten anderer schlagen.
2. Der Kuckuck ist ein Brutschmarotzer.
3. Jedes Kind lässt weiße Eier von anderen Vögeln ausbrüten.
4. Das Kuckucksweibchen sucht ein Vogelnest, das gerade und nicht schief gebaut ist.
5. Das Sumpfrohrsängerweibchen hat eben fünf Eier ins Nest gelegt.
6. Das Kuckucksmännchen lockert das Nest.
7. Das Kuckucksweibchen muss jetzt ganz schnell gehen.
8. Es setzt sich ins Nest und legt das eigene Ei hinein.
9. Das Ei sieht den Wirtseltern ähnlich.
10. Die Kuckucksfrau nimmt die fünf Eier in den Schnabel und trägt sie fort.
11. Bis zu zwanzig Eier kann sie im Schnabel tragen!
12. Die Kuckucksfrau legt ihre Eier im Mai und Juni.
13. Der junge Kuckuck schlüpft nach weniger als zwei Wochen aus dem Ei.
14. Die Wirtseltern werden ihn mehr als drei Wochen füttern.
15. Das Futter ist ihnen „über den Kopf gewachsen."

Drehe jetzt das Blatt auf die Textseite und prüfe nach, ob du es richtig gemacht hast!

Die Nummern der richtigen Aussagen lauten:

Lesetraining 6 Best.-Nr. 036
Lendersdorfer Traumfabrik

Name: ____________________

Schule in Japan I

In Japan ist es nicht üblich und sogar verboten, dass die Eltern ihre Kinder mit dem Auto zur Schule bringen.
Der Unterricht beginnt für japanische Kinder um halb neun. An jedem Montag richtet der Rektor der Schule eine kurze Ansprache an Schüler und Klassenlehrer.
In einem Klassenraum lernen 40 bis 45 Schüler miteinander. Hier gibt es keinen Streit um den Sitzplatz. Vorne links sitzt der Primus, der Klassenerste. Hinten rechts das Schlusslicht der Klasse.
Jeder Schüler hat seinen eigenen Tisch, es sind immer abwechselnd ein Junge und ein Mädchen im Raum platziert.
Dreimal in der Woche gibt es Sport, Schwimmen ist Pflichtfach.

Das Mittagessen wird in der Schule eingenommen. Um zwölf Uhr gehen die Klassen gemeinsam in den Speisesaal.
Abwechselnd haben die Schüler Küchendienst. Sie haben Hauben auf und Schürzen um und verteilen an der Ausgabestelle die vorbereiteten Essensportionen. Es gibt Curry-Reis mit Salat, gebratenen Fisch mit Gemüse oder ein kaltes Gericht mit Suppe. Milch ist immer dabei. Nach dem Essen wird der Klassenraum von den Schülern gereinigt.
Überhaupt: es ist die Aufgabe der Schüler, das gesamte Schulhaus sauber zu halten.
Es gibt in japanischen Schulen keine bezahlten Putzkolonnen.

Falte das Blatt hier.

Von den folgenden Aussagen sind nur einige richtig,
Kreuze die richtigen an. Vorsicht, lass dich nicht reinlegen!
✗ = richtig!

1. Japanische Kinder werden von den Eltern im Auto zur Schule gebracht.
2. Der Unterricht beginnt um halb neun.
3. An jedem Montag hält der Rektor zu den Schülern.
4. In einer japanischen Klasse lernen 40 bis 45 Schüler gemeinsam.
5. Der beste Schüler einer Klasse heißt Primus.
6. Der Primus sitzt rechts nebem dem Schlusslicht der Klasse.
7. Schüler in Japan haben immer abwechselnd einen eigenen Tisch.
8. Auf dem Stundenplan steht auch Schwimmen.
9. Die Schule nimmt ein Mittagessen ein.
10. Die Schüler haben Hauben um und Schürzen auf, wenn sie Küchendienst haben.
11. Auf der Speisenkarte stehen oft Curry-Reis mit Salat, Fisch und Gemüse.
12. Die Kinder trinken immer Milch beim Mittagessen.
13. Nach dem Essen werden die Schüler im Klassenraum gereinigt.
14. Es ist Aufgabe der Schüler, die Putzkolonnen zu bezahlen.
15. Die Schüler halten das ganze Schulhaus sauber.

Drehe jetzt das Blatt auf die Textseite und prüfe nach, ob du es richtig gemacht hast!

Die Nummern der richtigen Aussagen lauten:

Lesetraining 6 Best.-Nr. 036
Lendersdorfer Traumfabrik

Name: ______________________

Schule in Japan II

Das Schuljahr in Japan ist in Trimester eingeteilt. Trimester bedeutet, dass das Unterrichtsjahr in drei Teile eingeteilt ist. Nach jedem Trimester bekommen japanische Schüler ein Zeugnis. Bei uns ist das Schuljahr in zwei Teile eingeteilt, wir sagen dazu Semester
Das Schuljahr in Japan endet im März. Dann bekommen die Schüler das letzte Zeugnis des Schuljahres. Die Noten Eins bis Fünf bedeuten in Japan genau das Umgekehrte wie bei uns: Eins ist sehr schlecht, Fünf sehr gut.
Sitzen bleiben kann in Japan kein Kind. Während der ganzen Schulzeit erreicht jeder Schüler automatisch das Klassenziel.
Auf dem Zeugnis schreibt der Lehrer seine Bemerkungen über den Schüler nieder. Die Eltern dürfen ihrerseits ebenfalls ihre Bemerkungen in das Zeugnis schreiben, es ist dafür extra ein Platz zum Schreiben vorgesehen.
Die Grundschule dauert sechs Jahre lang. Danach gehen die Schüler in die Mittelschule. Dort tragen sie eine Uniform. Die Mädchen haben dunkelblaue Faltenröcke mit dunkelblauer oder weißer Bluse, die Jungen einen schwarzen Anzug mit Mütze und Goldknöpfen. Auch für Haarlänge und Haarschnitt müssen die Vorschriften beachtet werden.

Falte das Blatt hier.

Von den folgenden Aussagen sind nur einige richtig,
Kreuze die richtigen an. Vorsicht, lass dich nicht reinlegen!
✗ = richtig!

1. In Japan ist die Schule in Trimester eingeteilt.
2. Ein Trimester ist ein Drittel des Unterrichtsjahres.
3. In Deutschland ist das Schuljahr in Semester eingeteilt.
4. Im März bekommen japanische Schüler ein Trimester.
5. Die Note Eins ist in Japan die schlechteste Note.
6. In Japan können alle Kinder sitzen.
7. Jeder Automat erreicht sein Klassenziel.
8. Der Lehrer schreibt den Schülern ein Zeugnis.
9. Die Eltern dürfen nicht ins Zeugnis schreiben.
10. Die Eltern schreiben etwas in das Zeugnis, wenn sie wollen.
11. Die Grundschule ist nach sechs Jahren zu Ende.
12. In der Mittelschule tragen die Mädchen Goldknöpfe.
13. Die Faltenröcke der Mädchen sind dunkelblau.
14. Die Jungen haben einen schwarzen Anzug mit Mütze an.
15. Schüler mit langen Haaren müssen die Vorschrift nicht beachten.

Drehe jetzt das Blatt auf die Textseite und prüfe nach, ob du es richtig gemacht hast!

Die Nummern der richtigen Aussagen lauten:

	.							

Lesetraining 6 Best.-Nr. 036
Lendersdorfer Traumfabrik

Die richtigen Aussagen:

1. Der Bär 1 3 4 5 6 9 10
2. Peter der Große 1 4 7 13 15
3. Esel 2 7 8 10 12 14 15
4. Umweltverschmutzung 1 2 3 6 10 11 12
5. Die Gewohnheit 1 5 6 9 13
6. Wackelohr 3 4 7 10 12 15
7. Der alte Mann und der Himmel 1 2 3 5 8 13 14
8. Ein Faultier 1 4 7 9 14
9. Der erste Schultag 2 4 10 14 15
10. Der Kaifel 1 3 6 9 10 12
11. Der kleine Drache 4 7 10 11 12
12. Die „scharfe“ Kartoffel 4 6 8 12
13. Onkel Ladi, die Holzsäge 1 2 5 6 10 11 14
14. Schau mal, ein Dalmatiner! 3 14
15. Elefanten 1 2 3 6 7 8 10 13
16. Zeichenstunde 1 2 6 7 9 12 13 15
17. Waschtag 2 4 5 6 9 11 12
18. Der Kuckuck 2 5 8 12 13 14
19. Schule in Japan I 2 4 5 8 11 12 15
20. Schule in Japan II 1 2 3 5 8 10 11 13 14

LENDERSDORFER

LERNHILFEN

Liebe LehrerInnen!
Liebe SchülerInnen!
Liebe ElterInnen – pardon: Eltern!
Lendersdorfer Lernhilfen garantieren Freude am Lernen.
Nehmen Sie sich Zeit. Alle guten Dinge im Leben wachsen langsam.
Lendersdorfer Lernhilfen begleiten und unterstützen Sie dabei.

Peter Stolz, Verleger — Karin Pfeiffer, Autorin

Lesen

NEU

Lesetraining Englisch
Ab 2. Lernjahr; sinnentnehmendes Lesen in der Fremdsprache
☐ *Best.-Nr. 190*

Traumfabrik Lesetraining
Kopierblock mit faszinierenden Kurztexten und kniffeligen Richtig-Falsch-Aussagen. DIN A 4
☐ 4. Schulj., *Best.-Nr. 034*
☐ 5. Schulj., *Best.-Nr. 035*
☐ 6. Schulj., *Best.-Nr. 036*

Rechtschreiben

Kreuzwortspiele Rechtschreibung
☐ 4. Sj., *Best.-Nr. 024*
☐ 5. Sj., *Best.-Nr. 025*
☐ 6. Sj., *Best.-Nr. 026*

5-Minuten-Diktate
☐ 5. Sj., *Best.-Nr. 020*
☐ 6. Sj., *Best.-Nr. 021*
☐ 7. Sj., *Best.-Nr. 052*

☐ **Die besten Schmunzeldiktate**
Diktate und Übungen für die **SEK I**
Best.-Nr. 014

☐ **Das doppelte Lottchen**
Zwillingsdiktate: Üben und Prüfen
3.– 6. Sj. *Best.-Nr. 015*

Aufsatz

☐ **Beschreibung / Bericht**
Stundenblätter, Kopiervorlagen
ab 5. Sj. *Best.-Nr. 083*

☐ **Die Aufsatzstunde**
Bildergeschichten, Fantasieaufsatz, Erlebnisaufsatz, Beschreibung usw.
ab 5. Sj. *Best.-Nr. A.6465*

☐ **Übungsheft / Aufsatzschreiben (ernst & heiter)**
ab 5. Sj. *Best.-Nr. 069*

Grammatik

☐ **Klasse(n) Übungsstunden Rechtschreiben/Grammatik**
Für Nachhilfe und Freiarbeit
5./6. Sj. *Best.-Nr. 070*

☐ **Grammatikstunde SEK**
Elementares Sprachwissen, viele Übungen: FA und Nachhilfe
ab 5. Sj. *Best.-Nr. 062*

Sketche

☐ **Neue lustige Schulsketche**
Viele Rollen, blöde Szenen
6–99 J. *Best.-Nr. 705*

☐ **Klapsmühle**
Sketche vom Feinsten, viele Rollen
9–99 J. *Best.-Nr. 704*

Der sichere Weg:

Sachfächer

☐ **Die spinnen, die Römer**
Lebendige Geschichte(n)
Stundenblätter für die Freiarbeit
14 Kopierblätter **(5./6. Sj.)**
Best.-Nr. 520

☐ **Kreuzworträtsel Europa**
Kopiervorlagenblock, 20 Blätter
14 Kopierblätter **ab 5. Sj.**
Best.-Nr. 502

☐ **Kreuzworträtsel Deutschland**
Kopiervorlagenblock, 20 Blätter
14 Kopierblätter **ab 5. Sj.**
Best.-Nr. 503

Mit Ruhe lernen

☐ **Besser zuhören lernen**
Neubearbeitung, **GS, SEK I**
Best.-Nr. 010

☐ **Konzentrations- und Entspannungsspiele**
GS, SEK I *Best.-Nr. 003*

☐ **Einfache Wege zur Stille**
GS, SEK I *Best.-Nr. 150*

☐ **Das friedliche Klassenzimmer**
Strategien und Spiele gegen Stress und Zoff in der Schule
GS, SEK I *Best.-Nr. 104*

Dies ist nur ein kleiner Auszug aus unserem Programm.

Lendersdorfer Traumfabrik

Kopieren Sie diese Seite. Nutzen Sie die Kopie als Bestellschein.

Deutschland:
Stolz Verlags GmbH
Schneidhausener Weg 52,
D-52355 Düren
Tel. (02421) 5 79 79
Fax (02421) 95 98 09

Auslieferung Österreich:
Stolz Verlags GmbH
Rehhofstr. 20,
A-5400 Hallein
Tel. (06245) 70 8 56
Fax (06245) 70 8 56

☐ **Bitte senden Sie mir Ihren Katalog.**

☐ **Hiermit bestelle ich die angekreuzten Titel**

036

Nachname ______ Vorname ______
Straße ______
PLZ ______ Ort ______
Datum, Unterschrift ______
Schulform: